少林武术精粹系列丛书

少林棍术（三）

德虔　德炎　编著

北京体育大学出版社

责任编辑：孙运娟
责任校对：曹晓燕
版式设计：李　鹤

图书在版编目（CIP）数据

少林棍术. 三 / 德虔, 德炎编著. -- 北京 : 北京体育大学出版社, 2022.1
（少林武术精粹系列丛书）
ISBN 978-7-5644-3587-5

Ⅰ. ①少… Ⅱ. ①德… ②德… Ⅲ. ①少林武术 – 棍术(武术) – 套路(武术) Ⅳ. ①G852.25

中国版本图书馆CIP数据核字(2022)第007638号

少林棍术（三）
SHAOLIN GUNSHU(SAN)　　德虔　德炎　编著

出版发行：北京体育大学出版社
地　　址：北京海淀区农大南路1号院2号楼2层办公B-212
邮　　编：100084
网　　址：http://cbs.bsu.edu.cn
发 行 部：010-62989320
邮 购 部：北京体育大学出版社读者服务部 010-62989432
印　　刷：北京昌联印刷有限公司
开　　本：880mm×1230mm　1/32
成品尺寸：148mm×210mm
印　　张：2.25
字　　数：44千字
版　　次：2022年1月第1版
印　　次：2022年1月第1次印刷
定　　价：13.80元

前 言

武术作为中国的国粹，是中华民族传统文化的组成部分。家喻户晓的少林武术便是其中极具代表性的门类，是中国武术的重要象征。

我社与少林武术结缘已久，伴随着时光的流逝，有多种内容、多样组合、各种形式的载有少林武术的出版物，源源不断地从我社注入市场，为方兴未艾的少林武术热潮平添了更高的热度。可以说，少林武术图书一直与我社相伴相随，成为我社具有长期出版价值的图书门类。其中，少林武术图书的编纂者——已故的王长青（法号释德虔）先生功不可没。他经年累月锲而不舍，寻于寺院、觅于乡间，挖掘出大量尘封的少林武术资料，继而分门别类梳理、整饬成一册册书稿，并与我社携手努力，打造出独树一帜的武术图书板块，为我社的武术图书出版打开了新局面。

今天，在着力弘扬中华优秀传统文化，树立和增强文化自信的大背景下，我社将以往出版的少林武术书籍重新进行了编排，以全新的面貌推出“少林武术精粹系列丛书”，这是我社多年来少林武术出版情结的延续，是对积累和沉淀的少林武术资源的再一次整合与展示，更紧密契合了时代的要求。

通过这套书，读者可以研习刚柔相济、闪转腾挪的少林功夫，可以感悟其中凝结的中华智慧，可以领略武术文化的博大精深……这便是我社对这套书出版价值的期待。

目　录

少林风魔棍

动作名称

预备势
1.霸王举旗
2.风扫残云
3.金鸡独立
4.横断千金
5.舞花倒棍
6.咬金埋桩
7.回头劈棍
8.乌龙腾搅
9.大圣戏月
10.横断千金
11.力劈华山
12.横扫千军
13.金鸡独立
14.旋风卷尘
15.罗汉盘花
16.瞎子探路
17.拦腰棍势
18.凤凰点头
19.弓步压棍
20.金鸡独立
21.雄鹰穿林
22.吕布托戟
23.乌龙翻江
24.罗汉藏剑
25.转身托棍
26.二郎担山
27.仆地视锦
28.苏秦背剑
29.腾空劈棍
30.后倒身势
31.鲤鱼打挺
32.横扫千军
33.猎人打虎
34.苏秦背剑
35.蛟龙翻云
36.童子拜佛
收　势

动作图解

预备势

两脚成八字并立，身体挺直，右手握棍，竖于身体右侧，棍梢向上，左臂屈肘向内，左掌亮于胸前，掌指向上，掌心向右，目视前方。（图1）

1.霸王举旗

右脚向前半步，左脚向前一步，脚尖点地，成左虚步，左手下沉变拳，抱于腰间，右手握棍向前推，棍梢向上，目视前方。（图2）

图 1

图 2

2.风扫残云

左脚向左跨一步，身体左转90度，上右脚成右弓步，同时左拳变掌，向前推出，掌心向前，右手持棍随身绕头向右横打，然后背于右臂背后，目视左掌。（图3）

3.金鸡独立

右脚向后退半步，身体右转90度，抬左腿提膝，同时右手握棍由后向前抡，左手接棍，举右臂斜托，棍梢向下，目视棍梢。（图4）

图 3

图 4

4.横断千金

左脚向左落一步，两脚蹍地，身体右转90度，两腿成左弓步，同时两手握棍由左向右平扫，目视棍梢（图5）；随即右脚向后退一步，落于左脚后外侧，两腿成叉步，两脚蹍地，身体左转90度，同时左手换把，两手握棍斜插向身体左后下方，目视棍梢（图6）。

图 5

图 6

5.舞花倒棍

两脚踬地，身体右转180度，两腿屈膝成马步，同时两手握棍随身舞花，然后翻棍，棍根向前压，目视棍根（图7）；随即两脚踬地，身体左转180度，两腿成左弓步，同时两手握棍随身舞花，棍根向前，目视棍根（图8）。

图 7

图 8

6.咬金埋桩

两脚踮地，身体右转180度，两腿成右弓步，同时两手握棍由左向前向下斜插于地面，目视棍梢。（图9）

7.回头劈棍

以右脚为轴，身体左转180度，左腿提膝，右手翻把向前挑把，棍根向前，目视棍根（图10）；随即左脚向左落地，成左虚步，同时两手握棍，绕头抡棍，然后向左前方穿刺，目视棍梢（图11）。

图 9

图 10

图 11

8.乌龙腾搅

左脚踏实，右脚向前上一步，同时两手握棍经身前向身体左侧斜刺，目视前方（图12）；随即右脚向后退一步，两脚蹍地，身体右转180度，两腿成右弓步，同时两手握棍随身向前打，然后用棍根向后上方挑，上身向前倾，目视身后右侧（图13）。

图 12

图 13

9.大圣戏月

右脚不动，左脚向前上一步，两腿成左弓步，同时两手倒把，舞半花，然后用棍根由后向上向前方斜撩，目视棍根（图14）；随即两脚向前踮跳一步，右脚落于左脚前，两腿成右弓步，同时两手握棍由上向下压，然后绕至身后，向后上方挑棍，上身向前探，目视棍根（图15）。

图 14

图 15

10.横断千金

两脚踝地，身体右转180度，上左脚成左弓步，同时两手倒把，舞花，然后托棍向前由右向左拦打，目视前方。（图16）

11.力劈华山

两脚踮跳一步，向右转身180度，两腿成右仆步，同时两手握棍抡顺花，然后向右下方劈打，左手松把，向左侧撩掌，掌心向左，目视棍梢。（图17）

图 16

图 17

12.横扫千军

起身，以左脚为轴，身体左转360度，两腿成左弓步，同时左手接把，两手握棍绕头抡旋，然后由前向后平扫，绕至左侧背后，棍梢向左，目视前方。（图18）

13.金鸡独立

两脚踝地，身体右转90度，左腿提膝，同时左手松把，右手握棍由头上平扫一周，然后竖于身体右侧，棍梢向上，左臂屈肘，左掌向前推出，目视左掌。（图19）

图 18

图 19

14.旋风卷尘

左脚向后落一步，右脚左摆跳起，向左翻转360度，当全身腾空时，出左手向右拍击右脚内侧，目视右脚。（图20）

15.罗汉盘花

两脚落地，右脚踝地，身体右转90度，两腿成叉步，然后两腿

屈膝下蹲成坐盘势，同时右手握棍反把向左绕头抡打，然后左手接棍，斜托于胸前，目视左侧。（图21）

图 20

图 21

16.瞎子探路

右脚向右跨一步，两脚踝地，身体右转90度，左脚向前上一步，两腿成叉步，同时两手倒把舞花，然后握棍由前向后点打（图22）；而后右脚向前上一步，成右弓步，两手握棍由后向前下方左右点打，目视棍梢（图23）。

图 22

图 23

17.拦腰棍势

左脚向前上一步，两脚踩地，身体右转180度，两腿成右弓步，同时两手倒把，握棍由左向右拦打，目视棍梢。（图24）

图 24

18.凤凰点头

左脚向前上一步，身体右转270度，两腿成叉步，同时两手换把，舞花，然后两手握棍由右向左下方点棍，目视棍梢（图25）；随即右脚向右前方上一步，同时两手握棍由左向右再向下方点棍，目视棍梢（图26）。

图 25

图 26

19.弓步压棍

两脚蹍地，身体左转180度，两腿成左弓步，同时两手握棍抡舞花，然后反棍由右向左压，目视棍梢。（图27）

20.金鸡独立

右脚向前上一步，左腿提膝，同时两手握棍，棍梢由下向上挑，目视左侧。（图28）

图 27

图 28

21.雄鹰穿林

左脚落于右脚右侧半步，以右脚为轴，身体右转90度，同时两手倒把，握棍由左向右后方穿刺，目视左侧（图29）；随即左脚向前上一步，右腿向后抬起，身体向前探，两手握棍由后向前穿出，目视前方（图30）。

图 29

图 30

22.吕布托戟

右脚向前上一步，两脚踩地，身体左转90度，两腿半蹲成马步，同时两手换把，握棍滑把，平端于腰间，目视前方。（图31）

23.乌龙翻江

两脚跳起，向右翻转180度，翻身落地后两腿仍成马步，同时两手握棍向右绕头抡打，然后由右向左横穿刺，目视左侧。（图32）

图 31

图 32

24.罗汉藏剑

两脚踉地，身体左转90度，右脚向前上一步，身体再向左转90度，同时两手倒把，舞花，然后棍背于右臂后，目视右侧。（图33）

25.转身托棍

两脚踉地，身体左转90度，右脚向前上一步，同时两手握棍舞花，然后倒把托棍，目视棍梢。（图34）

图 33

图 34

26.二郎担山

两脚踉地，身体左转180度，两腿成左弓步，同时两手倒把，由左向右撩打，然后背于肩上，目视右后方。（图35）

27.仆地视锦

两脚向前跳步，成右仆步，同时左手松把，右手握棍根由上向下劈砸，左手变掌向左撩出，目视棍梢。（图36）

图 35

图 36

28.苏秦背剑

起身，右脚向内收半步，同时右手握棍由前向左绕头抡打，然后左手向后接把，将棍斜背于身后，右手脱把变掌，向右侧撩出，目视右手。（图37）

图 37

29.腾空劈棍

两脚蹍地，身体左转90度，两脚向前向上纵跳一大步，同时左手握棍由上向右向左抡打，然后右手接把，当全身腾空时，两手握棍举臂欲打，目视前方（图38）；两脚落地后向右转体180度，两腿全蹲，同时两手握棍绕头由上向下劈砸，目视棍梢（图39）。

图 38

图 39

30.后倒身势

全臂向后坐地，右脚前伸，左腿屈膝，左脚尖点地，上身侧后仰，使全身倒地，右手松把，向前伸臂，左手提棍随身上提，头略抬起，目视右手。（图40）

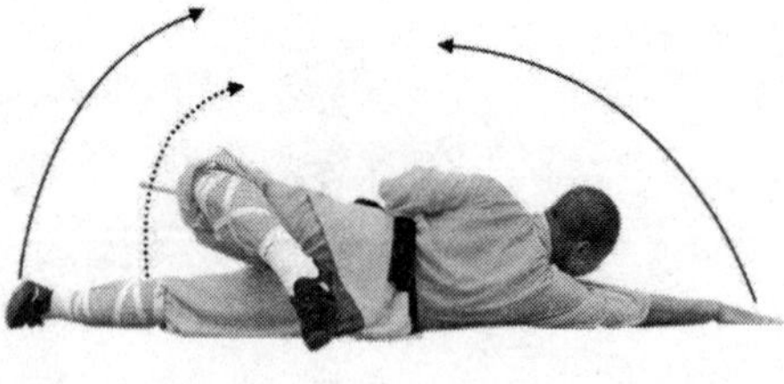

图 40

31.鲤鱼打挺

上体向左稍转，收回右手接棍，以脊背着地，两脚伸直，然后迅速并腿上举（图41）；随即两脚疾速向下蹬压，同时上体上抬，使身体弹跳起立，日视前方（图42）。

图 41

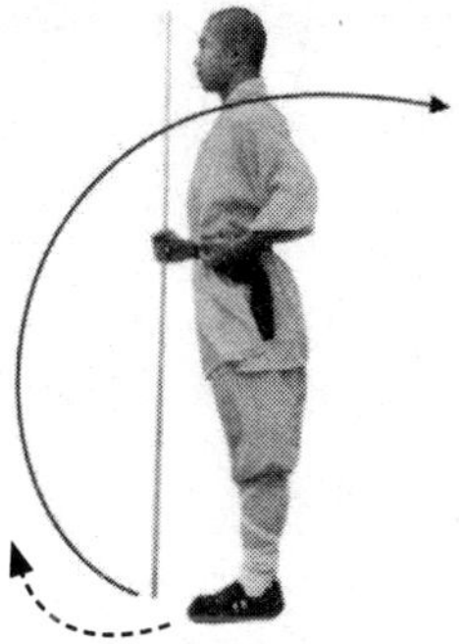

图 42

32.横扫千军

右脚不动，左脚向前上一步，成左弓步，同时两手握棍向前平扫于左肩上，棍梢向后，目视前方。（图43）

33.猎人打虎

两脚蹍地，身体右转180度，两腿成右弓步，同时两手握棍由后向前劈，然后随身托棍，棍梢向前，目视棍梢。（图44）

图 43

图 44

34.苏秦背剑

左脚向前上一步，两脚蹍地，身体右转270度，两腿成叉步，同时左手松把，向前推掌，右手握棍随身抡打一周，然后斜背于身后，目视左手（图45）；而后左脚向前上一步，右手握棍向前抡打，然后随身背于右臂后，左手随身向左下方撩出，目视左后方（图46）。

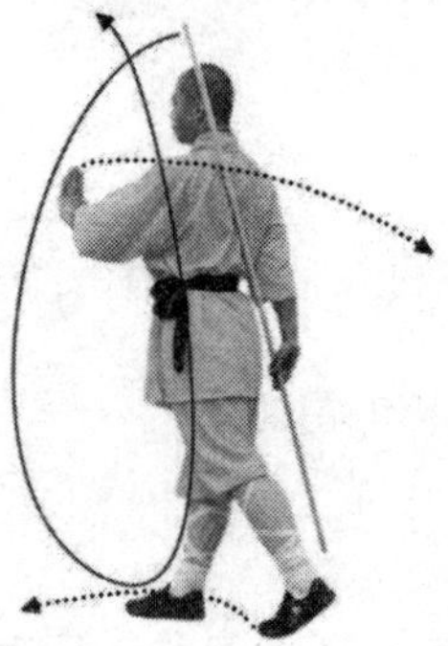

图 45

图 46

35.蛟龙翻云

右脚向前上一步，右手握棍向右返左抡打，然后向右反把穿刺，目视棍梢。（图47）

36.童子拜佛

右脚向前上一步，左脚再向前上一步，成左虚步，同时右手握棍舞花，然后右手握棍前推，棍梢向上，左手向后甩成勾手，目视前方。（图48）

图 47

图 48

收　势

两脚向前，上为并步，同时右手握棍舞花，然后沉棍竖于身体右侧，棍梢向上，左臂屈肘向内，左掌亮于胸前，掌心向右，身体挺直，目视前方。

少林烧火棍

动作名称

预备势
1.韦驮献杵
2.仙人指路
3.立马挡敌
4.凤凰点头
5.转身舞花
6.马步端棍
7.金鸡独立
8.左右压棍
9.黄风卷天
10.乌龙腾搅
11.中平刺势
12.鹿倒弹蹄
13.乌龙翘尾
14.转身压棍
15.仆步摔棍
16.鲁班扛梁
17.凤凰双展翅
18.旋风脚
19.转身戳棍
20.罗汉托枪
21.跳步砸棍
22.老猴背棍
23.钟馗藏剑
24.跳步挑棍
25.马步压棍
26.扭丝棍势
27.大圣降妖
28.莲花三枪
29.横扫千军
30.立马挡敌
31.仆步砸棍
32.翻身扫棍
33.八戒扛耙
34.背弓射雁
35.那那劝兵
36.童子拜佛
37.韦驮敬佛
收　势

动作图解

预备势

两脚成八字并立，身体挺直，右手握棍，竖于身体右侧，棍梢向上，左手五指并拢成掌，由外向内画弧，然后变拳，抱于腰间，目视前方。（图1）

1.韦驮献杵

右脚向前上半步，再抬左脚向前上一步，落于右脚前，脚跟离地，脚尖点地，两腿微蹲成左虚步，同时右手向下滑把，握棍提臂前推，棍梢向上，左手不变，目视前方。（图2）

图 1

图 2

2.仙人指路

抬左脚，以右脚为轴，向左转体90度，右脚再向左跳一步，左脚向后，落于右脚后一步，两腿成右弓步，同时右手握棍由右向左平行横扫，然后挽半花，背于右臂背后，棍梢斜向上，左拳变掌，向前推出，掌心向前，目视左掌。（图3）

3.立马挡敌

左脚向前上一步，抬右脚向右跳步转身，左腿提膝，同时两手握棍由上向胸前平扫一周，然后两手滑把，举右臂，缩左把，斜棍撩梢，目视左侧。（图4）

图 3

图 4

4.凤凰点头

左脚落地，两脚蹍地，身体右转90度，两腿成右弓步，同时两手握棍，舞半花，然后向前打棍，目视棍梢（图5）；随即两脚蹍地，身体左转90度，同时两手滑把，由右向左下方点打，目视棍梢（图6）。

图 5

图 6

5.转身舞花

两脚蹍地，身体右转90度，抬左脚向前上一步，两腿成左弓步，同时两手滑把，舞花，目视前方。（图7）

6.马步端棍

两脚蹍地，身体右转90度，两腿屈膝半蹲成马步，同时两手握棍舞半花，然后倒把，目视棍梢。（图8）

图 7

图 8

7.金鸡独立

两脚踾地，身体左转90度，左腿提膝，同时两手握棍舞花，然后托棍斜向上挑，目视棍梢。（图9）

图 9

8.左右压棍

左脚下落于右脚前一步，两腿成左弓步，同时两手倒把，舞花，然后握棍由上向下平压，目视棍梢（图10）；随即右脚向前上一步，两腿成右弓步，同时抡顺花，然后两手握棍由右向左压棍，目视棍梢（图11）。

图 10

图 11

9.黄风卷天

两脚向前踮跳一步，右脚立地，左腿提膝，然后两手倒把，以右脚为轴，向左转体90度，棍随身左转，绕头由右向左旋扫。（图12）

10.乌龙腾搅

左脚向左落一步，两脚踉地，身体右转90度，两腿成右弓步，同时两手倒把，舞花，然后握棍向前由右向左扫打，目视棍梢。（图13）

图 12

图 13

11.中平刺势

左脚向前上一步，成左弓步，同时两手握棍由前向后抡打，然后两手握棍斜向前刺，目视棍梢。（图14）

12.鹿倒弹蹄

右脚向前上一步，两脚踉地，向左转体180度，两腿成左弓步，同时两手握棍由后再向前往左扫一周，目视棍梢。（图15）

图 14

图 15

13.乌龙翘尾

两脚踉地，身体右转270度，两腿成右弓步，同时两手握棍向前平扫，然后上体前探并向后翘棍，目视棍梢。（图16）

14.转身压棍

两脚踉地，身体左转90度，同时两手换把，由后向前压棍，目视棍梢。（图17）

图 16

图 17

15.仆步摔棍

抬右脚向后退一步，两脚踉地，身体右转90度，左腿全蹲，右

腿伸直，成右仆步，同时左手向上滑把，舞花，然后左手松把，向后撩掌，右手握棍向左前方劈打，目视棍梢。（图18）

16.鲁班扛梁

起身，收右脚，成左弓步，同时左手接棍，由右向前平扫，然后举放于左肩上，目视前方。（图19）

图 18

图 19

17.凤凰双展翅

右脚向前上一步，与左脚成并步，抬左腿向后上方高翘，上体前倾，同时左手松把，右手握棍向头上抡旋，然后抡棍向后背于背后，左掌变拳，向前冲出，目视左拳。（图20）

18.旋风脚

左脚向后落一步，身体左转270度，抬右脚随左脚上一步，两脚速起向前跳步，当全身腾空时，出左手向右拍击右脚内侧，目视右脚。（图21）

图 20

图 21

19.转身戳棍

右脚向后落一步，两脚蹍地，身体右转180度，左脚再向前上一步，两腿成左弓步，同时左手接棍，两手握棍由左向右平掠，棍梢向前，目视前方。（图22）

20.罗汉托枪

右脚向前上一步，两脚蹍地，身体左转90度，两腿成叉步，然后两腿全蹲成歇步，同时两手倒把，舞花，然后由左向右上方戳棍，目视左侧。（图23）

图 22

图 23

21.跳步砸棍

起身，两脚跳步，向左转体270度，落地后成左仆步，同时两手握棍随身绕头云旋，然后向左前方劈打，目视棍梢。（图24）

22.老猴背棍

起身，右脚向前上一步，两腿成右弓步，同时两手倒把，舞花，然后左手松把变拳向前冲出，右手握棍，由前向后抡，斜背于背后，目视左拳。（图25）

图 24

图 25

23.钟馗藏剑

左脚向前上一步，两腿成左弓步，同时右手握棍由前向后再返前抡棍，左手接把，舞半花，然后向后压于右腋下，目视前方。（图26）

24.跳步挑棍

两脚向前跳一步，落地成左弓步，同时两手倒把握棍，由后下方向前上方挑棍，目视棍梢。（图27）

图 26

图 27

25.马步压棍

右脚向前上一步，两脚踾地，身体左转90度，两腿半蹲成马步，同时两手握棍，由前向后绕头云旋，然后向右下方压棍，目视棍梢。（图28）

26.扭丝棍势

两脚向左横跳一步，右脚再向左跳一步，左脚再向左横跳，落于右脚左侧一步，两腿成马步，同时两手握棍向右前下方由右向左连续绞棍。（图29、图30）

图 28

图 29

27.大圣降妖

两脚向前横跳一大步，落地后成右仆步，同时两手倒把抡逆花，然后举棍由左向右再由上向下劈打，目视棍梢。（图31）

图 30

图 31

28.莲花三枪

两脚踝地，身体左转90度，两腿成左弓步，两手握棍舞花，然后倒把略向前上方斜刺，目视棍梢（图32）；随即右脚向前上一步，两腿成右弓步，同时两手握棍，由前向后再返前刺，棍梢斜向前，目视棍梢（图33）；而后左脚向前上一步，两腿成左弓步，同时两手倒把，由前向后再返前刺，目视棍梢（图34）。

图 32

图 33

图 34

29.横扫千军

右脚向前上一步，两脚踬地，身体左转180度，两腿成左低弓步，同时左手松把，右手握棍由上向前下方再向内扫打，目视棍梢。（图35）

图 35

30.立马挡敌

起身，右脚向前上一步，左腿提膝，上体稍向右后仰，左手接把，两手握棍由前向后抡打，然后托棍举右臂向左摆棍，目视左侧。（图36）

31.仆步砸棍

左脚向左落地，身体左转90度，右脚向前上一步，右腿仆地，变成右仆步，同时两手握棍舞花，然后左手松把，右手握棍由上向右下方劈棍，左手握拳抱于左腰间，目视棍梢。（图37）

图 36

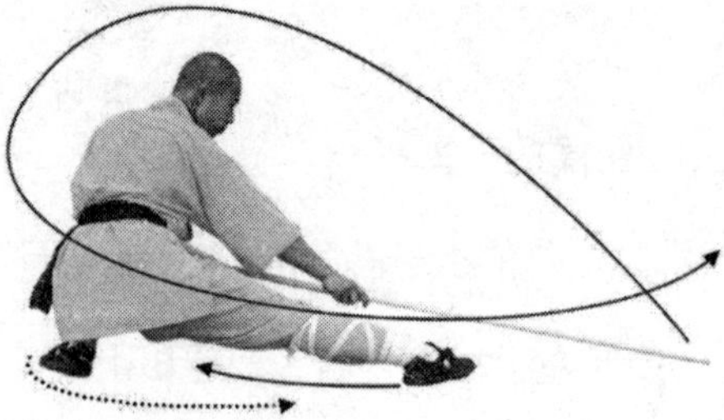

图 37

32.翻身扫棍

起身，两脚跳起，向左翻转180度，落地后两腿成左仆步，同时右手握棍随身绕头抡旋，然后左手接棍，两手握棍由右向左横扫，目视左侧。（图38）

图 38

33.八戒扛耙

起身，两脚踯地，身体右转90度，左脚向前上步，两腿成左虚步，同时两手握棍舞半花，然后举臂，将棍体放于右肩，棍梢向后，目视前方（图39）；随即右脚向前上一步，两脚踯地，身体左转90度，左腿提膝，同时两手握棍舞半花，然后左手松把，右手握棍绕头向左前上方戳，目视棍梢（图40）。

图 39

图 40

34.背弓射雁

右脚不动，左脚落于右脚前半步成左虚步，同时左手接棍向下平压，目视棍梢（图41）；随即两脚向右横跳一步，变为右横弓步，同时左手松把，右手握棍绕头云旋一圈，然后斜背于右臂背后，棍梢向左后上方，左掌向左推出，目视左侧（图42）。

图 41

图 42

35.那那劝兵

右脚不动，收左脚向前上一步，两腿微蹲，变为左虚步，右手握棍由身后向前绕头抡打，然后向左经胸前横穿，左臂向前屈肘夹棍，目视前方。（图43）

36.童子拜佛

右脚向前上一步，左腿提膝，左小腿附于右膝上，右腿微蹲，同时右手握棍绕头由左向右抡旋，然后向胸前落棍，两臂在胸前屈肘挎棍，两掌心向内，两掌相接，掌指向上，目视前方。（图44）

图 43

图 44

37.韦驮敬佛

左脚落于左侧，与右脚成并步，且两腿下蹲成左虚步，同时右手握棍，由右向上绕头向左舞花，然后握棍前推，棍梢向上，左手不变，目视前方。

收　势

两脚向后退步成八字步，身体挺直，右手握把沉棍，棍竖于身体右侧，左手由上向下画弧握拳，抱于腰侧，目视前方。

少林齐眉棍

动作名称

预备势
1.开步压棍
2.三步悠棍
3.固步戳棍
4.三卧枕势
5.金鸡独立
6.舞花背棍
7.三卧枕势
8.三步悠棍
9.中平刺棍
10.三卧枕势
11.金鸡独立
12.弓步架棍
13.马步压棍
14.拦腰打棍
15.舞花背棍
16.三步悠棍
17.中平刺棍
18.三卧枕势
19.独立拨棍
20.跳步踢棍
21.弓步架推
22.马步压棍
23.白虎拦路
24.跳步背棍
25.三步悠棍
26.中平刺棍
27.三卧枕势
28.提膝拨棍
29.单叉劈棍
30.上步架棍
31.翻身压棍
32.转身拦打
33.跳步背棍
34.三步悠棍
35.中平刺棍
36.三卧枕势
37.提膝拨棍
38.弓步架棍
39.马步压棍
40.快步绞棍
41.箭步压棍
42.仆步劈棍
43.弓步格棍
44.跳步背棍
45.三步悠棍
46.中平刺棍
47.弓步架棍
48.仆步砸棍
49.上步架格
50.马步压棍
51.拦腰闪打
52.马步背棍
收　势

动作图解

预备势

两脚并立成八字步，身体挺直，右手握棍，竖于身体右侧，棍梢向上，左臂下垂，左手五指并拢，掌心向内，附于大腿外侧，目视前方。（图1）

1.开步压棍

左脚向左开一步，同时右手握棍向左舞半花，左手接把，两手开握棍体中段，目视前方。（图2）

图 1

图 2

2.三步悠棍

两脚踉地，身体左转90度，右脚向前上一步，两腿半蹲，同时两手握棍前推，棍梢向上，目视前方（图3）；随即左脚向前上一步，落于右脚前，两腿半蹲，同时两手握棍向前反臂纵转，棍梢向上，目视前方（图4）；而后右脚向前上一步，落于左脚前，两腿半蹲，同时，两手握棍向前反臂纵转，棍梢向上，目视前方（图5）。

3.固步戳棍

两脚不动，两手提棍向前上方斜戳，目视前方。（图6）

图 3

图 4

图 5

图 6

4.三卧枕势

右脚向前上半步，两脚踾地，身体左转90度，两腿成右横弓步，同时两手向上滑把，握棍舞半花，然后使棍斜附身前，棍梢斜向上，上体稍向右倾，目视左侧（图7）；随即两脚蹍地，身体左转180度，右脚向前上一步，同时两手握棍随身向前打梢，然后两腿变为左横弓步，两手握棍由右向左上方斜穿，棍梢向上，上体稍向左倾，目视右侧（图8）；而后两脚蹍地，身体右转180度，左脚向前上一步，右脚向右跨一步，两腿成右横弓步，同时两手握棍向前打梢，然后两手握棍由左向右上方斜穿，上体向右稍倾，目视左侧（图9）。

图 7

图 8

图 9

5.金鸡独立

以右脚为轴，身体稍左转，收左脚并提膝，同时两手握棍沉棍向左下方撩，目视棍梢。（图10）

6.舞花背棍

左脚向左落一步，两脚踩地，身体左转90度，两腿成左弓步，同时两手倒把，舞花，然后左手松把变掌向前撩出，掌心向下，右手挽棍斜背于身后，目视左掌。（图11）

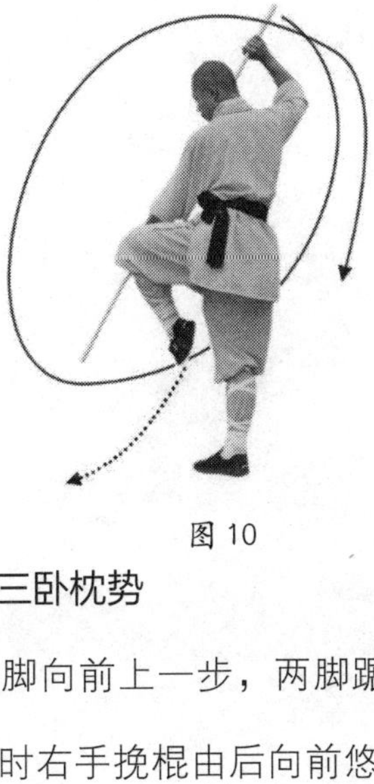

图 10

图 11

7.三卧枕势

右脚向前上一步，两脚踩地，身体左转180度，两腿成右横弓步，同时右手挽棍由后向前悠打，然后左手接把，两手托棍随身向右斜附身前，上体向右稍倾，目视左侧（图12）；随即两脚踩地，身体右转180度，左脚向右前方上一步，两腿成左横弓步，同时两手握棍随身撩棍，然后反把斜托于身前，上体稍向左倾，目视右侧

（图13）；而后两脚蹍地，身体左转180度，右脚向左上一步，两腿成右横弓步，同时两手握棍随身撩打，然后反把斜托于身前，上体向右稍倾，目视左侧（图14）。

图 12

图 13

图 14

8.三步悠棍

两脚蹍地，身体右转90度，两脚再向前踮跳一步，右脚落于左脚前半步，两腿微蹲，同时两手反把握棍向前悠棍，目视前方（图15）；随即左脚向前上一步，落于右脚前半步，两腿微蹲，同时两手反把握棍向前悠棍，目视前方（图16）；而后右脚向前上一步，落于左脚前半步，两腿微蹲，同时两手反把握棍向前悠棍，目视前方（图17）。

9.中平刺棍

两脚不动，两手握棍由后向前平刺，目视棍梢。（图18）

图 15

图 16

图 17

图 18

10.三卧枕势

右脚向前上半步，两脚踩地，身体左转90度，右腿屈膝，左腿蹬直，成右横弓步，同时两手倒把再随身由右向左摆棍，然后斜附身前，上体向右微倾，目视左侧（图19）；随即两脚踩地，身体右转180度，左脚向前上一步，两腿成左横弓步，同时两手倒把，随身向右摆棍，然后使棍斜附于身前，上体稍向左倾，目视右侧（图20）；而后两脚踩地，身体左转180度，右脚向前上一步，两腿成右横弓步，同时两手倒把再随身向左摆棍，然后斜附身前，上体稍向右倾，目视左侧（图21）。

图 19

图 20

图 21

11.金鸡独立

右脚不动，收左脚并提膝，同时握棍由右向左撩棍，目视左侧。（图22）

12.弓步架棍

左脚向左落一步，两脚踬地，身体左转90度，右脚向前上一步，两腿成右弓步，同时两手握棍向左上方挑，然后两手倒把，举臂架棍，目视前方。（图23）

图 22

图 23

13.马步压棍

两脚踬地，身体左转180度，两腿微蹲，成马步，同时两手握棍由右向左劈打，然后倒把向右侧压棍，目视棍梢。（图24）

14.拦腰打棍

右脚退于左脚后一步，两脚踬地，身体右转180度，两腿成右弓步，同时两手握棍随身舞半花，然后倒把抖肩屈肘向前拦打，上体

向前微倾，目视前方。（图25）

图 24

图 25

15.舞花背棍

右脚向左移一步，落于左脚右侧，左脚向左跨一步，两脚踉地，身体左转90度，两腿成左弓步，左手松把，右手握棍由左向右打，然后挽花背棍，左手变掌向左撩出，掌心向下，目视前方（图26）；随即两脚跳起，向右翻转180度，两脚落地后两腿成左弓步，同时右手握棍由上向下再由后向前抡棍，然后挽花斜背于身后，左掌随身向前穿出，掌心向下，目视前方（图27）。

图 26

图 27

16.三步悠棍

左脚不动，右脚向前上一步，两腿微蹲，同时右手握棍由后向前撩打，然后左手接把，两手握棍前推，目视前方（图28）；随即左脚向前上半步，两腿半蹲，同时两手握棍反把向前悠棍，目视前方（图29）；而后右脚向前上一步，两腿微蹲，同时两手握棍反把向前悠棍，目视前方（图30）。

图 28

图 29

图 30

17.中平刺棍

两脚不动，两手向上滑把握棍由下向前上方直刺，目视棍梢。（图31）

18.三卧枕势

右脚向前上半步，两脚蹍地，身体左转90度，两腿成右横弓步，同时两手握把由前向后绕头撩棍，然后两手倒把，棍体斜附于身前，上体稍向右倾，目视左侧（图32）；随即两脚蹍地，身体右转90度，左脚向前上一步，身体继续右转90度，两腿成左横弓步，同时两手握棍随身向前撩打，然后沉右把，升左臂，向左侧斜穿棍，上体向左微倾，目视右侧（图33）；而后两脚踉地，身体左转90度，右脚向前上一步，身体继续左转90度，两腿成右横弓步，同时两手握棍随身向前撩打，然后沉左把，升右臂，向右上方斜穿棍，上体向右稍倾，目视左侧（图34）。

图 31

图 32

图 33

图 34

19.独立拨棍

右脚不动，收左脚提膝，同时两手沉把握棍，由右向左后下方拨棍，目视左侧。（图35）

20.跳步踢棍

抬右脚（身体稍左转）向前跳一步，左腿向前弹踢，同时两手握棍舞半花，然后向前压棍，击打左脚尖，目视前方。（图36）

图 35

图 36

21.弓步架推

左脚落于右脚前一步，右脚向前上一步，两腿成右弓步，同时倒把由前向后返前绕头云棍，然后举臂架棍前推，目视前方。（图37）

22.马步压棍

两脚跳起，向左翻转180度，两脚落成马步，同时两手倒把握棍由上向下屈肘横压，目视前方。（图38）

图 37

图 38

23.白虎拦路

右脚移于身后左侧一步，两脚踡地，身体右转180度，两腿成右弓步，同时两手握棍随身舞半花，然后两手倒把，再握棍向前由右往左拦打，目视前方。（图39）

24.跳步背棍

两脚向左横跳一步，左脚落于右脚前，两腿成左弓步，同时两手握棍舞半花，然后左手松把，右手挽棍背于右肩背后，棍梢向上，左手变掌向前穿出，掌心向下，目视左手。（图40）

图 39

图 40

25.三步悠棍

左脚不动，右脚向前上一步，落于左脚前半步，两腿微蹲，同时右手挽棍由后往前悠打，左手接把，两手握棍前推，目视前方（图41）；随即左脚向前上一步，两腿微蹲，同时两手握棍反把向前悠棍，目视前方（图42）；而后右脚向前上一步，两腿微蹲，同时两手握棍反把向前悠棍，目视前方（图43）。

图 41

图 42

图 43

26.中平刺棍

两脚不动，两手握棍反把由下向前刺，目视棍梢。（图44）

27.三卧枕势

右脚向前上半步，两脚踀地，上体左转90度，两腿成右横弓步，同时两手握棍向左绕头抡打，然后沉左把，升右臂，向右上方斜身悠棍，上体向右倾斜，目视左侧（图45）；随即左脚向右脚外侧移一步，两脚踀地，身体左转180度，左脚向左上一步，两腿成左横弓步，同时两手握棍随身向右劈打，然后沉右把，升左臂，向左上方伏身悠棍，上体稍向左倾，目视右侧（图46）；右脚向前上一步，两脚踬地，身体右转180度，右脚向右上步，两腿成右横弓步，同时两手握棍向左撩打，然后沉左把，升右臂，两手握棍向右上方悠棍，上体向右侧微倾，目视左侧（图47）。

图 44

图 45

图 46

图 47

28.提膝拨棍

右脚不动，收左脚提膝，同时两手握棍沉把由右向左后方拨

棍，目视左侧。（图48）

29.单叉劈棍

左脚不落地，同时抬右脚向左横跳一步，左脚落于右脚左侧一步，左腿仆地伸直，右腿全蹲，两腿成左仆步，同时两手倒把握棍向左下方劈打，目视棍梢。（图49）

图 48

图 49

30.上步架棍

起身，右脚向前上一步，两腿成右弓步，同时两手倒把由前向上往后撩棍，然后返前举臂架棍，目视前方。（图50）

31.翻身压棍

两脚跳起，向左翻转180度，落地后两腿成马步，同时两手握棍随身倒把，两臂向前屈肘压棍，目视前方。（图51）

图 50

图 51

32.转身拦打

右脚向后退一步，两脚蹍地，身体右转180度，两腿成纵弓步，同时两手倒把握棍随身由左向右拦打，目视右前方。（图52）

33.跳步背棍

两脚向左前方跳一步，左脚落于右脚前一步，两腿成左弓步，同时两手向前滑把随身舞花，然后左手松把变掌向前伸出，掌心向下，右手挽棍斜背于右臂后，目视左前方（图53）；随即两脚跳起，向左翻转180度，落地后两腿成左弓步，同时右手握棍向前绕头抡打，然后左手接把，两手舞花，随即左手松把，右手挽棍背于身后右侧，左手变掌向前伸出，掌心向下，目视左掌（图54）。

图 52

图 53

图 54

34.三步悠棍

左脚不动，右脚向前上半步，两腿半蹲，同时右手握棍由后向下返前悠打，左手接把向前推棍，目视前方（图55）；随即左脚向前上一步，两腿微蹲，同时两手握棍反把向前悠棍，目视前方（图56）；而后右脚向前上一步，两腿微蹲，同时两手握棍反把向前悠棍，目视前方（图57）。

图 55

图 56

图 57

35.中平刺棍

两脚不动，两手握棍向下再向前平刺，目视棍梢。（图58）

36.三卧枕势

右脚向前上半步，两脚踝地，身体左转90度，两腿成右横弓步，同时握棍向左撩打，然后随身斜附于身前，上体微向右倾，目视左侧（图59）；随即两脚踝地，身体左转180度，左脚向前上一步，两腿成左横弓步，同时两手握棍向右撩打，然后随身斜附于身前，上体向左微倾，目视右侧（图60）；而后两脚踝地，身体右转180度，右脚向前上一步，两腿成右横弓步，同时两手握棍随身向左撩打，然后斜附于身前，上体微向右倾，目视左侧（图61）。

图 58

图 59

图 60

图 61

37.提膝拨棍

右脚不动，收左脚并提膝，同时两手握棍向左后下方拨棍，目视棍梢。（图62）

38.弓步架棍

左脚向左落一步，两脚踉地，身体左转90度，右脚向前上一步，两腿成右弓步，同时两手握棍随身向前打，然后举臂架棍，目视前方。（图63）

图 62　　图 63

39.马步压棍

右脚后退一步，两脚踉地，身体右转90度，两腿屈膝半蹲成马步，同时两手握棍随身向右撩打，然后再向前下压，目视右侧。（图64）

图 64

40.快步绞棍

两脚踉地，身体左转90度，右脚向前上一步，同时两手握棍向后由右向左绞棍，目视棍梢（图65）；随即左脚向前上一步，逆绞棍，目视棍梢（图66）。

图 65

图 66

41.箭步压棍

两脚向右前方跳一大步，身体腾空时向右翻转180度，同时两手举棍高抡（图67）；落地后右脚在前，两脚踉地，身体左转90度，两腿屈膝成马步，同时两手握棍由上向下压棍，目视右侧（图68）。

图 67

图 68

42.仆步劈棍

两脚踉地，身体右转180度，左脚向左落一步，两腿成左仆步，

同时两手握棍向左侧劈打，目视棍梢。（图69）

43.弓步格棍

起身，两脚蹍地，身体左转90度，右脚向前上一步，两腿成右弓步，同时两手反把握棍向前举，左臂上举，右臂下沉，推棍斜格，上体微向前倾，目视前方。（图70）

图 69

图 70

44.跳步背棍

两脚向前跳一步，左脚落于右脚前，两腿成左弓步，同时左手向下滑把，舞花，然后左手松把向前伸出，掌心向下，右手挽棍斜背于身后右侧，目视左手。（图71）

45.三步悠棍

左脚不动，右脚向前，落于左脚前半步，两腿微蹲，同时右手握棍由后向前抡打，左手接把，两手握棍前推，目视前方（图72）；随即左脚向前上一步，两腿微蹲，同时两手反把向前悠棍，目视前方

（图73），而后右脚向前上一步，两腿微蹲，同时两手反把向前悠棍，目视前方（图74）。

图 71

图 72

图 73

图 74

46.中平刺棍

两脚不动，两手握棍由后向前直刺，目视棍梢。（图75）

47.弓步架棍

右脚向前上半步，两腿成右弓步，同时两手握棍由前向后绕头

旋打，然后两手倒把，举臂架棍，目视前方。（图76）

图 75

图 76

48.仆步砸棍

左脚向前上一步，两腿成左仆步，同时两手握棍由上向下劈砸，目视棍梢（图77）；随即起身，两脚迅速向前踮跳一步，左脚落于右脚前，两腿仍成左仆步，同时两手倒把由上向下向左劈棍，目视左下方（图78）。

图 77

图 78

49.上步架格

右脚向前上一步，两腿成右弓步，同时两手倒把由前向后撩

棍，然后举两臂向前斜架棍，目视前方。（图79）

50.马步压棍

右脚后退一步，两脚踾地，身体右转90度，两腿成马步，同时两手握棍随身向右撩刺，然后两臂屈肘前压，目视右侧。（图80）

图 79

图 80

51.拦腰闪打

右脚后退一步，两脚踾地，身体右转180度，两腿成右纵弓步，同时两手握棍由左随身向右拦打，目视棍梢。（图81）

52.马步背棍

右脚不动，左脚向左前方移一步，两腿屈膝成马步，同时右手换把舞半花，左手松把，右手挽棍背于右臂后，棍梢向上，左臂屈肘，左手向前亮掌，掌心向右，掌指向上，目视前方。（图82）